꿈이 응고되면 쩌렁한 별 하나

박부민

1961년 전남 고흥 출생
1996년 계간 『시와산문』 신인상
(조병화 시인 선)으로 작품 활동 시작
시집 『등불이 있는 마을』(시와문화) 등
현·계간 『생명과문학』 편집위원

생명과문학 시선 05
박부민 시집
꿈이 응고되면 쩌렁한 별 하나

지은이 | 박부민
펴낸이 | 김윤환
디자인 | 장미림
펴낸곳 | 생명과문학사
1판 2쇄 펴낸 날 | 2023년 1월 20일
등록번호 | 제2014-000007호

등록일자 | 2007년 3월 30일
주소 | 경기도 시흥시 하중로 203 (3층)
대표전화 | 02-2275-3892, 031-318-3330
팩스 | 050-4471-3892, 031-318-3370
이메일 | lifepen2021@hanmail.net
출판관리 | 열린출판디자인

2022ⓒ박부민

· 이 책은 전부 또는 일부 내용을 재사용하려면 저자와 생명과문학의 동의를 받아야 합니다
· 이 도서의 국립도서관 출판도서목록은 서지정보유통서비스시스템 홈페이지와 국가자료공동목록시스템
  에서 이용하실 수 있습니다.
· '생명과문학'은 1994년 등록되어 출판 진행된 '열린출판사'등과 연계 됩니다.
· 이 책은 저자와의 협의에 의해 인지는 생략합니다.

ISBN 979-11-976914-0-9

값 10,000원

생명과문학 시선
05

박부민 시집

꿈이 응고되면
쩌렁한 별 하나

생명과문학 ⓒ박부민2022

시인의 말

햇빛 골짜기에서
풀피리 불며 살고 싶은데
아픈 몸과 마음들이 참 많다

따뜻한 눈발 받으며
시 들판을 함께 걷는다
그리움을 아는 사람들과

— 2022년 새해 첫날

박부민

목차

제1부

어화 漁火	12
실억섬	14
갈호수 포구	15
바지락	16
폐선	18
늑대의 시간	19
치과 병원을 나오며	20
닭의 묵언	21
거미의 식사	23
수채화	25
초침 秒針	27
발자국	29
콘크리트 불통	30
메타세쿼이아	31
발톱 깎기	32
안구건조증	33

제2부

느티나무	36
유리 공장	37
생선의 중앙	38
빨간 동그라미	39
샘터	40
약산 염소	41
황혼의 블루스	42
벚꽃 구경	44
프로필	46
백한 白鵬	48
쉬작	49
산책	51
설날	52
박종권 세한도	53
무동리	54

제3부

햇빛 골짜기	58
점등 點燈	59
못	60
바람 든 무	61
나무	62
섬	63
강아지풀	64
청풍호	65
동백리 개화	66
작두샘	67
대숲 울음	68
비빔국수	69
첫눈	70
고려청자	71
봄눈	72
가을빛	73

제4부

석류	76
강진 康津	77
여름	78
땅울림	79
밀양 박씨 밀양에 가다	80
창녕	81
농어촌버스	83
벌교 바람	85
맹골수도	86
옛날 옛날	88
벌교역 1	89
벌교역 2	91
월하리	93
월송리	94

해설

갈망의 기원(基源)과 해원(解冤)의 풍경 / 김윤환　　98

제1부

어화 漁火

소금기 흠뻑 머금은 포구
살아 뿔뿔 기어 다니는 상처들
거품 뱉으며 비틀비틀
물결 틈으로 옆 걸음질 치면
선창 끝엔 조각달이 쉬고 있다

달빛도 여기선 잠 못 든다
어둠을 너무 마셔 속이 상한 듯
눈 헹구고 들여다보면
비린 파래를 덮고 기억을 뒤척이다
흰 눈물 뿌리며 돌아가는 꿈이 있다

그렇게 아득히 젖은 부부는
서로의 시린 몸을 정성껏 씻어 주고는
뻘에 박힌 닻을 숨 고르며 끌어 올린다
스르륵 물길이 열릴 때마다
이토록 울먹이며 스며드는 먼동이 아니던가

일생을 질척이는 노을로 불 댕겨
다시 키워 내는 한 떨기 어화
멍든 뱃머리 흔들리며 흔들리며
낯익은 세상에 끝없이 그물 던지는 시간이다

회관 옥상의 태극기 파닥이고
갈증 난 확성기 목젖도 붉어진다
불빛 쓰라리게 세수하는
아주 오래된 새벽

실억섬

물결은 수 백 년 주름 접힌
얼굴을 여태 펴지 못하고
처럭처럭 섬의 뒷물이
갯마을의 컴컴한 내력을 핥아대고
실종된 기억을 인양한 새들은
시린 발을 구르고
어선들은 팽팽한 수평선을 붙잡아 맴돌고
생각이 무거워진 구름은 과묵히 내려앉고
게들이 버린 거품이 쓸려 해안에 가득하고
할머니와 어머니가 무릎 꿇던
그 자리엔 아내가 꽂혀 있고
십리 질척이는 뻘밭에서 삭신이 아리고
하늘빛에 바다가 갈라져
꿈으로 가는 길이 희끗 보이고
시럭시럭 새 물 들어오는 선창에
가까스로 등불이 웃고
물결은 우리 눈 안에 출렁이며
오래 핏빛을 머금고

갈호수 포구

득량도 어슴푸레 길 틀 무렵
부표를 옮겨 다니는
물새의 발바닥이 시퍼렇다
빈손 빈속에 밑창으로만 가라앉던
심한 뱃멀미도 더러 있었지만
파도 한 가닥씩 끊어 내며
가는 데까지는 가봐야 한다는
늙은 어부의 청보라 빛 새 출어
아침노을로 꿰맨 그물을 끌어당기며
전속력으로 열기 뿜어 통통거린다
멀리 헤쳐 갈수록 더 살가운 갯바람
부글부글 뱃길 자국에
절절한 흰 눈물이 끓어오른다
뜨거운 것들이 한데 엉겨 출렁이는
남쪽 비린 포구는
젖은 햇덩이를 막 꺼내어
벌겋게 다시 말리는 중이다

바지락

할머니가 입을 단단히 다물고 누웠다
꿈틀 댈수록 더 뿌리내리던 생계의 늪에서
노을에 꺾인 할머니의 허리
엄마는 그 노을을 마시며 바지락을 캐 왔다
바지락은 놀라 입을 다물었지만
써그럭써그럭 서러움을 채 감추지는 못했다
펄펄 끓는 국솥 뚜껑을 열었을 때
애써 입을 벌려 제 속을 보여준 바지락
바다 울음이 쏴르르 밀물지고
아득한 날들이 잘피처럼 얽히는데
온몸 뜨거워진 그는 왈칵 눈물을 쏟아 냈다
엄마가 그 눈물을 떠 할머니의 입술에 대자
쩍하며 잠깐 열린 할머니의 나라
거기 깜깜한 섬들이 녹고 있었다
돛단배가 꽃구름으로 승천하고 있었다
할머니의 눈에선 뽀얀 진국이 흘러나왔다
뻘밭의 갯물 같았다
갯물은 할머니의 얼굴과 마른 몸을 적시고
엄마의 눈자위로 빠르게 흘러갔다
낡은 소쿠리를 집안에 둔 채
다시 입을 굳게 다문 할머니는
뻘배를 타고 아스라이 떠났다
무적 소리가 길게 저물고

마당까지 밀고 들어온
수평선에 불이 붙은 날이었다
껍데기만 남은 바지락들이
겨우내 돌담 밑에 모여 있었다
바시락바시락 흰 쌀밥 눈송이를 받고 있었다

폐선

　새우등이 되어 간다고 그는 생각했다 구부린 몸은 주섬주섬 그늘을 지우고 흐린 불빛에 겉옷이 물드는 동안 헐거워진 수평선은 노을을 갈아입고 있었다

　그물을 놓은 손이 떨기 시작한 건 어제였다 내일은, 모르겠다, 긴 바람이 하늘에서 건너와 해변에 별을 뿌려 놓았는데 종일 사그락사그락 목마른 모래알과 뒤섞였다

　지나치게 외롭다고 느낀 그는 석화나 청각의 비린내를 물안개에서 꺼내와 갯진질에 섞어 잘근거렸지만 그만의 시간들이 선뜻 잘 씹히지 않았다

　구름이 헌 이불을 들고 해안을 어슬렁거리자 추위가 핏줄 속에 자갈을 깔았다 가슴에 널어 둔 꿈을 쭉 찢어 달에게 내밀었으나 달은 외면하며 자리를 떴다

　검은 파도가 잘못 찾아든 옆집인양 기웃거렸다 밑바닥을 소모해 버린 그는 끝내 주저앉았다 바다는 기우뚱 더 많이 기울고 점액질의 갈증을 가로질러 찬란한 여객선이 순식간에 지나갔다

　심지가 닳은 등불을 끄고 속옷도 벗은 채 영혼이 부레처럼 부풀어올라 그는 희끗한 새우잠을 잤다 해변의 별들이 모래알을 털며 하나 둘 제자리로 돌아갔다

늑대의 시간

늑대가 목울대를 잃는 시간은 얼마나 되나?
어이, 늑대, 아름다운 개가 되고 싶은가?
그러기엔 넌 별을 너무 많이 먹어치웠어
구름도 너무 마셨어

빛을 삼키고 어둠을 내뱉어
우우우거릴 때마다
적립한 탐욕이 너를 옥죄는 소리야

뿌연 피비린내 자욱한 골짜기
횃불이 너를 향해 치밀어 온다
네가 낄낄대며 마지막 찢어 먹던 달이
실은 너의 시간들이었어

영원이라고도 하지
너덜거리며 소멸되는 울부짖음이야
맛 좀 봐 컴컴하고 울음도 없는
기나긴 적요를

치과 병원을 나오며

치욕과 불면의 신경 깊이
퀴퀴한 이끼들을 보았네
나약하고 게으른 세월이었네
치료대 위 죽은 듯 몸을 맡긴 채
통점 아래 간신히 숨 쉬며
아무 변명도 못했네
무감각한 상아질 어리석음이
검고 추한 켜로 쌓인 속내를 들켜
금속성 꾸짖음에 온몸 뒤틀고 나서야
잿빛 가슴을 눈물로 씻었네
어금니가 썩으면 뽑아내면 되지만
영혼이 삭으면 누가 고쳐 주나
언제고 도려낼 통증의 뿌리를 원장은 알겠지
컬컬한 매연에 흠뻑 젖어
어긋난 가로수처럼 흔들리며 버티던 일상들
귀가하는 발걸음의 비틀린 비밀을
앞니를 꾹 다문 빌딩들은 알고 있을까
화끈화끈 불붙어 붓기 오른
새털구름은 더더욱 알고 있을까

닭의 묵언

비 갠 후 땅에 꽃잎을 찍어대는 닭. 닭이 떠들어대는 거 보았는가 경거망동하는 것 같은가 깃털 빠지게 좀 분주히 돌아다니기는 해도 항상 꼬꼬댁거리지는 않는다 닭장에만 가두지 말고 닭의 묵언을 들으라

햇빛이 좋은 날엔 닭도 안정된 자리를 잡아 깊은 사유에 잠길 줄 안다 고양이나 강아지와 달리 짖는 건 고사하고 낑낑대는 법도 없다 새벽에 꼬끼오 몇 번 울고 그만이다 간혹 세상이 하수상해서 생뚱맞게 낮에 울기도 하지만 그마저도 누군가의 게으름을 일깨우는 사명감의 발로이다

제 새끼들이 잘 먹고 잘 놀 때 닭은 먹이를 주워다가 툭 던져줄 뿐 그저 내려다보며 눈으로 말한다 살기 위해 모래알을 삼키고 조개껍데기도 삼키지만 말을 삼키고 울음도 삼킨다 꾸룩꾸룩 불분명한 독백을 우물대는 것 뿐 말끝을 올리고 핏대를 세우는 법도 없다 그것이 닭의 벼슬이나 목울대가 붉은 이유이다 치올라오는 울분과 슬픔을 지그시 삼켜버리는 닭

새끼들이 병들고 배고파 처연히 비틀거리거나 귀엽다고 아무나 의미 없이 돌연 다가오든지 누군가에게 위협과 공격당할 조짐이 있을 때 닭의 눈을 보라 세상의 화산이 거기 끓고 있다 다리를 보라 창검이 거기 곤추선다 그렇게 참다 참다 마침내 폭발하는 소리가 꼬꼬댁 꼭꼭!

비 갠 후 땅이 질척일 때 닭의 족적, 만개한 저 꽃잎들을 보라 닭도 그림을 그릴 줄 알고 대숲의 교향악을 들을 줄 알고 하늘을 우러를 줄도 알고 때론 천사처럼 날갯짓을 한다 먹이만 찾아 분주히 삶을 버리고 있는 게 아니다 하릴없이 쏘다니는 게 아니다 생각 없이 함부로 떠들어대는 건 더더욱 아니다 닭을 쫓지 마라 닭의 묵언을 들으라

거미의 식사

밤새 기다린 보람이 있어
애피타이저로 안개 한 모금 했지
열정이 식기 전에 바로 시작할게
그대들을 위한 현악이야
가끔 내 정신줄 놓아도 돼?
가슴이 벅차서 그래
부탁인데 몸부림은 치지마
내 꽁무니엔 독침이 있어
광란의 연주를 돕지
낯익은 친구여
거룩한 제물이여
어서 나의 식사를 찬양해
곡목은 지고이너바이젠으로 할래
모든 방랑자들을 위해
파닥이는 우스운 것들을 위해
비장한 전율을 베풀 시간이야
고난도의 스타카토로 끊어
헐떡이는 프레스토로 몰아치며
우아한 식사를 끝낼게
곧 끝낼게
모든 건 운명이야
주어진 악보대로야
이것 봐 눈물도 나

현마다 황홀하게 매달려 있어
인습엔 되돌이표가 필요해
또 해가 뜨려나 봐

수채화

여백이 서늘한 빗물을 머금으면
지친 골짜기 속 깊이 해맑아 오는데
욕망의 물감들 질척인 오후
덧칠을 거듭하는 우리들의 숲은
본색을 잃고 탁해지곤 한다
하늘이 훈훈한 바람을 불러
축복의 새 떼를 풀어놓을 때에야
비로소 잎들은 투명한 눈을 뜨고는
숲에 남은 빛을
마을로 조용히 흘려보낸다
비가 쓰다듬던 상처마다
글썽이던 눈물을 털며 나무들은
저물수록 더 푸르러지고
넉넉한 강물을 빨아 마시는 화폭의 들판엔
야윈 벌레들이
숨 가쁜 필력으로 그림을 그린다
기법도 화려함도 없이
오직 몸부림으로 완성하는 소품들
그때, 화면 가득 솟구치는 눈물 기둥을
역주행하듯 별들이 달려와
온 산골 등불들로 다시 웃으며 돋아난다
빛을 품은 것들은
저토록 함께 꿈틀대며

하루분의 명도를 이뤄내는구나
또 한 번 무채색을 엎질러 놓은 저녁
천지간 먹물 속에서도
반짝이며 끝내 살아 푸르스름한 것은
빛에 스민 물의 피
피로 번지는 비의 싱싱한 영혼이다

초침 秒針

가느다란 생이
막힌 공간을 뚫고 나아간다
신음을 삼키며 홀로 부대끼는 불굴의 궤적
어둠 속에서도 그 가쁜 행보는
영혼이 시리도록 정확하다
누구에게도 무게 지우지 않는 운신으로
묵묵히 밀고 가는 무명無名의 반짝임
분침은 뒤따라 한걸음씩 딛고
시침도 묵중한 획을 긋는다
소소한 땀이 큰 꿈을 가동시키는 법
중심에 뿌리 내린 눈물의 힘이다
투명한 촉수로 모든 쓸쓸함을 겨누어
하나씩 베어 버리는 칼끝의 울음
살아있다는 건 이토록
허기진 밤 은밀한 박동이려니
바람 그치면 맑은 귀로 들어보라
시간과 영원을 잇댄 연자 맷돌 소리
잠들지 않는 자만
두근거리는 그 맥박을 향유한다
때가 차서 결빙된 광야를 지나
예언자의 자명종이 목 놓아 울면
잘 빻아진 어둠은 안개로 흩어져
비로소 하늘이 푸른빛 틈을 보인다

북에서 동, 동에서 남, 남에서 서…
가느다란 떨림이
누대의 그늘을 지우며 가는 아득한 향방
아침이 성큼성큼 다가선다

발자국

각지지 않고
크지 않아 더 좋은
알맞은 그리움의 둘레
햇빛 무늬진 고밀도의 그늘로
꼭 나만큼의 분명한 윤곽을 지닌
한 시절은 과묵하게
살아 내고 싶은 것이다

적당한 무게에 눌려
깊지도 얕지도 않은 가슴으로
해질녘 골목 모퉁이나 먼 산길
외로운 길손 누군가에게
뜻하지 않은 발견의 기쁨이 될
그런 온기 머금은 한 뼘의 흔적은
땅에 새기고 싶은 것이다

콘크리트 불통

백주대낮 싸움이 났다
골목에 마주 본 콘크리트 관
이름처럼 완고하고 세다
쩍 벌린 아나콘다 아가리로
상대를 집어삼키려
일방 말을 쏘아 대는데
귀 없는 얼굴, 냉기 서린 목줄기엔
핏대가 찌릿찌릿 입술이 퍼렇게 질려
둘 중 둘이 죽을 듯하다
기중기를 보내 떼어놓을 때까지
남은 포탄을 소모하며
쉬지 않는 두 개의 직사포
시커먼 구멍 속에 숨었던 쥐새끼들이
녹슨 잡풀들을 뱉어 내며 쏟아져 나온다
맑은 냇물을 소통케 하거나
서로 붙어 하수도로 쓰일 것들이
제 자리에 있지 못하고
잠시 지상의 날들을 누리면서
꿈을 된통 잘 못 꾼 것이 분명하다
동네가 창피하다

메타세쿼이아

종일 우듬지만 쳐다보다
외로웠을 뿌리에 눈길을 준다
일생의 높이를 지탱하려고
저 곡절은 얼마나 얽혔을까
나누고픈 노래가 땅 위로 차올라
목울대를 애타게 내밀었겠지
칼바람 무두질에도 꼿꼿한 품새 밑에
의외로 모질지도 깊지도 않은
뿌리의 불안정한 속내
함께 도열하는 그 섭생을 이제 알겠다
가까스로 뼛속에 촛불 켜는 어스름
내 안의 마른 붓 한 자루 일어나
느지막이 온몸에 노을을 묻힌다
이토록 전율하며 울먹이기만 하다
저문 화폭에 명화는 언제 그릴까
눈물 섞인 침엽들 흩뿌리고
별들이 희끗희끗 내려온다
서로의 어깨를 빌려 우린
먼 소실점까지 불 밝히며 걷는다

발톱 깎기

방바닥에 주저앉아 발톱을 깎는다
깔아 둔 신문지 세상사 위에
살과 껍질의 경계가 모호하고 아프다
지킬 것과 버릴 것을 여태 구별 못해
쓰걱쓰걱 선 작두질로 피를 보는 대낮
성급히 뜯긴 살들은 억울한 표정을 짓고
낡은 책상 밑으로 달아난 껍질들이
먼지 속에서 실눈 뜨며 웃는다
누굴 자르고 무엇을 힐난했나
무엇을 변명하고 누굴 감쌌나
웅크린 허리가 한참 어둑해져
뭔가를 정돈한다는 게 쓰리고 힘겹다
모호하게 아픈 각질의 정체를 탐색하나
선명한 건 피의 흔적뿐
무딘 자는 발톱 하나도 잘 못 다룬다
발톱이나 발톱의 때만도 못하다

안구건조증

갑자기 물상들이 몇 겹이 되더니
뚫어지게 땅을 바라보던
하늘은 반쯤 눈을 감고 만다
생이 드라이하다고
입버릇처럼 중얼대던 고목의 뇌하수체에서
습기를 죄다 빨아 마신 햇빛이
산등성이에 널어둔 몸을 거두기도 전
이슬에 도로 젖고 있다
지상의 어느 종점에서야
우린 젖은 어둠을 덮고 잠들 것이다
하지만 하늘에는 아직 많은 수분이 있다
바람에 꺼칠한 안목이 마르고
끝내 탈수되어 먼지만 남은 마을에도
촉촉한 구름은 자꾸 파송되어 내려온다
이 지극한 눈물을 발로 툭툭 굴리며
어두운 펜으로 각막에 금 긋는 새들
영혼의 실핏줄 가로 세로 터뜨리며
온갖 메마른 지폐를 물고 바삐 날아다니는
저 새떼, 참 정신없는
그러니까 제 둥지가 없는, 밤이 지나
영 날지 못할 아침이 춥고 무겁더라도
이제 오랜 가벼움을 포기하라 말하겠다
진실로진실로 깃털의 수분을 말하겠다

애써 빚은 인공의 눈물마저
쉬 증발해버릴지 몰라
안약을 붙안고 살아가는 요즘의 사막에선
자주 시야를 다치는 추세이다

제2부

느티나무

다들 어디 간 게냐, 봄눈 내린 지 며칠
등허리 줄기 혈관 흐리고 겨우 눈만 떴다만
사느라 바쁜 너희에게 면목이 없다
노을에 볶아 구름 한 끼 먹고 헛배만 불러서리
잔설 털어 마신 바람 한 잔에 목이 메는구나
구멍 난 몸 이쪽저쪽 내다보기 좀 좋으냐
일생을 하늘 들여다보며 살았으니
내 걱정 마라 안개 다람쥐 벌레들에 길 터주고
세상 소식도 그 귀로 먼저 들었다
괜찮을 게야, 링거주사 이거 다 돈이다 피 같은
살가죽 벗겨지고 뼈 좀 휜 게 뭐 그리 대수라고
봐라, 불 꺼진 마을이 적신(赤身)으로 눕는다
혹여 나보다 지쳐 뜬눈으로 앓는 별 있거든
좀 내려오라고 해, 밤새 나눌 얘기가 많다
야식으로 달빛, 하늘 냄새 그윽이 담아 오고
바람은 싸아한 걸로 꽃샘 살얼음 넣고
동백꽃잎 띄워 한 잔만 더 부탁할게
마시지 말라더라만 이미 온몸이 바람인데 뭘
구름은, 됐다 떠도는 밥은
먹을 만큼 먹었단다, 얘야

유리 공장

가마 속 불덩이 하나 받아와
긴 철 막대 끝에 한 방울 꿈을 빚었다
말랑한 눈물이 벌겋게 달궈진 엿처럼
제 틀을 찾아 녹아 들어가고
머리 터지도록 불풍선을 불며 아버지는
시뻘건 붕어가 되었다 목 힘줄 땅길수록
부풀어 투명해지는 황홀
어디선가 멍들고 깨어지고 부서진 것들이
화려한 이력도 없이 그저 담백하게 흘러들어
뜨겁게 살을 나누고 섞이며
한 틀에서 각기 다른 빛깔의 꽃으로 피어날 때
새 목숨으로 미끈둥, 솟구치는 절정의 기염
꿈이 응고되면 쩌렁한 별 하나
그토록 태어나는 것이었다
불끈거리는 아버지의 가슴에
땀으로 달라붙어 반짝이는 가족의 얼굴들
풀무불 속에서는 오로라의 혼이
충혈된 하늘처럼 들끓고 있었다

생선의 중앙

뜯어 먹고 남은 것은
가슴 찌르는
빗살무늬, 어린 날
중앙의 살은 다 발라
입 안에 넣어 주시고
지느러미 꼬리 캄캄한 대가리
오물오물 음미하시던
할머니, 오래 씹으면
대가리랑 꼬리가 기중 맛나단다
그렇게, 나는 턱없이 살진 중앙이었다
마지막 방 언저리
증손자 아기 손을 만지시며
차암 토실하구나
물끄러미
참빗 같은 뼈만 사그락대던
할머니, 오래 견디시던 가지런한 생
빗살 구름 번쩍이는
노을 너머
중앙으로 들어가시다

빨간 동그라미

저 장밋빛 빨간 동그라미로
두른 날이
어머니의 생신입니다

오년 전 달력이네요
다시, 더 새빨간 동그라미로
꽃피운 이 날은
어머니 귀천(歸天)하신 날

올해 달력이고요

이 꽃 지극히 빨갛지만
어찌 저 꽃과 비교할 수 있나요

자꾸만 오년 전 동그라미
목울대로 굴러들어와
촉촉이 붉어지네요

샘터

달구리 어스름 속에서
물동이를 받든 흰 겨드랑이를 처음 보았다
지푸라기 따리가 어머니의 머리칼과 엉켜
눈물을 뚝뚝 떨어뜨렸다
일순 안개 물러간 샘터에
산수유 연황빛이 자욱하고
가장 정갈한 물 한 사발 말없이 들이켜는
흙 묻은 손, 아버지의 아침이 보였다
그 검은 옆구리에 기대고 선 삽은
녹슨 목울대를 드러내며 번쩍
웃었다 서늘한 어머니의 얼굴이
아버지의 햇빛으로 거푸 젖어드는 봄
우리 집 마당에 영영
샘터 한 곳 들이고 싶었던

약산 염소

다리를 건너면 섬마을, 바닷가 어디쯤 살붙일 염소는 딸꾹딸꾹 트럭에 실려 가고 있었어 비틀대며 자꾸 돌아보는 눈빛에 고삐를 잡듯 핸들을 움켜쥐고 내 부끄러운 속도를 줄이며 뒤따라갔지

잘 살아라 염소야 풀 많고 인심 좋다는 약산, 거기라면 참 행복할 거야 젖은 와이퍼를 한참 흔들어 주다가 문득 아내도 저렇게 내게로 왔나 싶어 먹먹해진 차를 샛길에 세웠어

약산은 된바람이 무섭다는 걸, 풀 마르고 눈발 내리면 가슴까지 마냥 얇아져 딸각댄다는 진실을 미처 알려 주지 못했는데 여린 발굽에 단단히 새겨 주지 못했는데 염소는 후들후들 이미 다리를 건넜지

눈부심이 썰물처럼 빠져나간 구름이 덮이더니 푸른 추위가 자갈 소리를 내며 엔진에 들어와 살려 하더군 어서 가야지가야지 하면서 차의 무게를 가까스로 벗어나 오래 아픈 아내를 향해 나아갔어

천 갈래 펄럭이는 바람의 틈에 끼여 약산 염소는 갈대처럼 얇아지고 있겠지 저린 발 비벼대며 버팅기고 있겠지 길에 실려 어둑어둑 돌아오는 내내 성에 낀 불빛들이 글썽거렸어

황혼의 블루스

어느 날 가냘프게 접은 종이배를 띄워
아무도 못 닿은 어머니 쓸쓸한 심장 근처에
숨죽이며 다가 가보려 했지만
이미자의 황혼의 블루스를 몰래 부르던
가늘게 떠는 입술만 엿보다 돌아왔다

지울 수 없는 립스틱의 가을
억새풀의 영혼이 붉게 물든 그런 오후였다

젖은 밑바닥을 뒤집어
애써 남은 햇발에 걸어두었던가
종이배는 소금이 슬어 부서져 내렸다

아가, 숨을 쉬어라, 아가
누군가 나를 깨워 일어났다
어머니를 기어이 다시 보기 위해 올라간
높다란 해송의 목덜미에서
떨어져 가까스로 눈을 뜬 것이었다

어머니의 심장은 너무 멀었으며
그 끝에 닿으려면 황혼을 지나야 한다는
필연도 그제야 알았다

어머니가 홀로 헤쳐 가던 바다
시퍼런 눈물을 꽃처럼 건널 배는 없었지만
흩어진 빛살과 솔잎을 엮어 띠배를 만들고
아내와 아들과 함께
시적시적 먼 황혼을 향해 노를 저었다

그 노래, 여전히 물결을 머금고 있었다
달과 별들의 조명 아래
수평선으로 만든 마이크 줄을 살포시 감아쥐며
붉은 입술, 한껏 멋을 낸
김해 김씨 김여사의 블루스는
어느 섬들 사이로 황혼처럼 목이 메고 있었다

벚꽃 구경

오매, 야들아 꽃보다
사람이 더 많은갑다
꽃보러 왔담서
어디로 저렇게 쫙 몰려갈까잉

아따, 멋이 그리 급해쌌냐
찬찬히 가자잉
느그 아부지 잰걸음 따라댕기다
이 날 평상 구경 한 번
지대로 한 적 없는디

인자, 나는 찬찬히 볼란다
꽃잎 한 장 한 장
어찌 생겼나 다 봐야 쓰겄다
날이면 날마다 피는 꽃도 아닌디
저 꽃 져 내릴 때까지 보고 있을란다

참말로 좋네
시록시록 막 피는 놈도 이뿌고
눈송이맨치로 이리저리
살랑살랑 날리는 것도 이뿌고
떨어져 땅에 소복허니
쌓여분께 더 이뿌네잉

쏘다니먼 멋한다냐
여그서 찬찬히 볼란다
어짜겄냐 급한 사람은
갈라먼 기양 가부러야제

나는 저 꽃 질 때까지
찬찬히 다 보고
그라고 갈란다

프로필

어머니는 종종 아버지 옆모습이 멋지다 했다
그 말이 생각나 사진첩을 배회했지만
정면을 응시하는 덤덤한 표정 몇 개뿐
산도 그랬다. 육중한 앞 얼굴만 떠오르는 건
제대로 옆구리를 타 본 적이 없어서였다

아버지를 여읜 아픔이
가문의 초록을 벗겨 내자
구름이 시린 눈물을 산자락에 털어 댔고
억세게 자란 억새풀들은
온몸으로 기막힌 춤을 추었다

그런 가을이 머물다 간 오후
숨 가쁜 중년의 등성이에 잠시 짐을 부리고
아내더러 프로필을 멋지게 찍어 달라 하니
왜 굳이 위태로운 바람 속에 서느냐며
쓸리는 내 옆모습을 잘 그려 내지 못한다

여기서 굼뜬 발걸음 울먹이고
얼마나 더 노을에 젖어야
어눌하고 멋없는 아버지를 닮을까
언제쯤 이끼 낀 옆구리를 타고 올라
산마루의 눈발을 만날까

회한이 남아 희끗거리는 능선에
달빛이 연민의 손을 얹을 때
산에 안겨드는 어머니의
마지막 모습을 보았다

멀리 넘어가는 달의 부드럽고 엷은 미소
거기 어머니는 짙은 안개를 뱉어 내고는
단아하게 정돈된 아버지 옆에
새벽빛으로 살며시 눕고 있었다

백한 白鵬

아내 손잡고 별난 백한 구경 왔다
암컷이 알을 낳은 후 기진해 죽자
수컷이 대신 알을 품었단다
후미진 구석에서 며칠째 식음을 폐하고
세상 누구도 위협 못하도록
알 위에 눈 시린 흰 몸을 웅크린 채
시뻘겋게 피 머금은 얼굴로
머릿깃을 파르르 떨며 생땀을 흘려댄다
오로지 제 새끼 지키느라 사력을 다해
새까만 긴장이 타들어가는 눈빛
사람도 저만 못한 사람이 있으려니
산그늘에 슬쩍 눈길을 숨기는데
구경 온 동네 여인네들 아내랑 합세해
기특한 백한을 극구 칭찬하다가
돌연 나를 힐끗힐끗 쳐다본다
괜한 큰 소리 한 번 퍼드덕 날리고는
꽁지 빠지게 총총 뒷걸음질 친다
야아, 그놈 참 사람보다 낫네!

쉬작

쉬는 She 작은 作
아내랑 미용실 쉬작에 왔다
주인장은 젊은 남자인데
작품을 만들 그녀, 어디에 있을까

나란히 머리를 맡기고는
말끔해지는 서로를 힐끗힐끗 구경하니
다 됐어요, 선생님
감고 털고 빗고 일어선다
아내는 아직 파마 중

이렇듯 잰걸음으로 앞장서는 세월이란
언젠가 전신거울 같은 하늘이 가까운 날
그때도 내가 먼저 일어서겠지
훌훌 털고 길 나서겠지
빛나는 새 단장하고 그녀를 맞으리
아름다운 파마머리
여자인 아내를 만나리

그녀가 만들어 준 애틋한 이야기들
보글보글 볶아 하늘색 염색하며
회한과 어리석음 싹둑 잘라낸 마음
은빛 눈물에 두어 번 더 헹굴 테다

석양이 마무리하는 따스한 드라마
설레어 기다리던 두 얼굴이
푸른 거울 속에 환히 미소 지을 때
사모님, 다 됐네요

* '쉬작'은 미용실 상호로 허락받아 차용함.

산책

단풍 숲에서
아내와 아들의 뒤를 따라가는데
구멍 뚫린 낙엽 한 장 말을 건넨다
상처 난 몸을 햇살 쪽으로 뒤척이고는
어렵사리 바스락,
하며 꽤 아프다고 한다
그래, 너도 한때의 초록을 그리며
나무의 긴 월동을 위해
이 낮은 지점에 도착했구나
너를 주워 책갈피에 넣으면
그 흔한 낭만은 되겠지만
잠시 바라보다 떠남이
내 겨울을 지피는 불빛일 듯해
그냥 두고 일어선단다
숨죽여 고운 아픔들을 밟으며
가을이 저물도록
가족 산책을 지탱한다
그늘 속에서 눈부신
무언가를 본 듯도 하다

설날

산록의 까치들 왁자지껄 웃어 대네
불 켠 기억의 남포등 창문에 걸어 두니
날아드는 눈송이 빈 가슴에 차곡차곡 엉기네
아궁이 풍로 돌려 못내 아쉬움 털어 넣듯
송진 묻은 장작 거푸 쪼개 넣던 세밑
굴뚝은 뻐금뻐금 횡죽 살담배 태우고
밤 깎으시던 누런 할아버지 곁에서
사람살이 굳어진 속통 단정히 깎는 법 배우며
쫀득쫀득 인절미 볼 붉힌 홍시에 찍어 먹었지
닳아빠진 고무신에 하얀 쌀꽃이 수북이 피면
복슬강아지 발자국 덧찍으며 마실 돌던 흙담길
그립네 정 깊이 모여들던 아늑한 앞마당
성에 낀 감잎들 사그락사그락 달빛을 덮고
얼부푼 밤엔 칼 시린 시절의 손바닥
화롯불에 설설 녹여 깊은 사랑을
톡톡 구워 주시던 할머니 탈바가지 얼굴
주름 주름마다 맺히던 동백꽃
겹 바른 창호지에 이울던 종짓불도
내내 붉고 구수하였네, 돌아오거든
다시 뜨거운 아랫목으로 차지게 엉기리

박종권 세한도

형은 폭포나 장강처럼 후려치는 붓질을 잘했다
일필휘지 가래떡 빠지듯 치렁치렁 미끄러운
우리 가락의 차진 숨결을 타고
시로 소리로 그림으로 살았다
비틀어 조작하고 눙치는 기술은 약해
노래가 밥이 되는 시절을 못 누렸지만
바람은 그 공복을 따뜻이 채워 주곤 했다
어느 날 느닷없이 집을 나선 형은
아직 노을빛이 남은 비탈길을
북을 메고 잰걸음으로 올라갔다
꼿꼿한 소나무를 지나 아스라한 꼭대기에서
힐끗 미소 지으며 아래로 한 번 길게 울고
두둥둥둥둥 둥기둥 둥 딱!
가파른 일생의 걸음을 달 쪽으로 내디뎠다
웅성이던 눈이 와사삭 지상으로 내려왔다
구부러진 것과 곧은 게 잘 구별 안 될 때
그것이 추운 세상의 끄트머리다
내 가는 곳에 허투루 편지하지 마라
그렇게 형의 마지막 붓질은 피로 쓴 시였다
눈보라 같은 얼음 같은 온몸이었다

무동리

무등산 무동리 언 발 동동 구르며
눈발 치는 고개 넘어 감발치고 찾아간
스무 살의 내 마음은
마당귀 까치밥으로 달아 두고 왔다
도포를 즐기시던
춘부장의 시조 한 가락
좀처럼 자락을 떠나지 않고
꿩 울음으로 살아 푸덕이던 대수풀 산촌
갈 세월 가고 없어도
무동리의 겨울을 따뜻하게 지펴 주며
솔 장작 훨훨 타던 군불을 어찌 잊을까
창호지 긋는 함박눈 숨소리 들으며
밤새 꿈이며 사랑이며
엉덩이 뜨겁도록 얘기하다
감잎차로 팽만해진 속내를
오줌으로 토해 내던 새벽
입에서는 곶감처럼 단내가 났었지
너덜경에 바람도 그치고
사그랑이 헛간이 부스스 일어날 때
동살이 눈부신 사립문에서
우린 오래 말을 잃었지 벗이여
막막한 외로움이 쓸리거나
다시 눈 덮여 길 끊어지는 날

무등산 무동리 언 발에 감발 치고
쉬엄쉬엄 너와 함께 고갯길을 걸으리
아늑한 이십 리 눈꽃의 고향에 안기리

* 무동리 : 친구 양정현의 고향

제3부

햇빛 골짜기

밤을 견딘 것들은
대체로 온몸이 젖어 있다
숲 깊이 맑은 눈물 풀어
서로를 씻어 주기 때문이다
눈구름 앓던 능선이 등을 펴
남은 어둠을 마저 벗어 내자
징소리로 회오리치는 긴 산울림
새들은 솟구쳐 날고
흉터마다 안개를 덧바른
산의 근육이 푸르르 꿈틀댄다
벼랑에서 너덜겅
얼음 녹은 자드락까지
벌써 노루 몇 마리 뛰어다니는 듯
이름 없는 돌들과 나무들 들썩이니
쑥향 자욱한 밭두렁 아래
늙은 고샅길 핏줄은 더 팽팽해진다
돌아왔구나, 꽃송이들
따순 바람결에 새 숨을 토하며
절절히 반짝이는 햇빛 골짜기

점등 點燈

그늘 속에 하늘이 스미네
회고록을 쓰러 모여든
단풍잎들 강물에 불을 댕기고
깻단 터는 아낙의 굽은 등허리
일생을 두른 수건이 노을에 젖네
아주 멀지는 않은 봉우리로부터
발목 시린 나무들의 심호흡이
하류를 징검징검 건너오는 동안
산이 버린 산새 들이 버린 들꽃
저들은 이 서늘한 지상에서
얼마나 적막할까
라고 엷은 잔명殘明의 아픔이
기슭으로 하얗게 머리를 빗을 때
길은 홀로 비탈을 넘어 가네
길보다 빠르게 꿈은 구르네
검질긴 땅거미 무릎에 엉겨 붙어
흙 묻은 손 푸석푸석
늙어 돌아 나오는 골짜기
바람 비껴 한 점 마을이 켜지네

못

꿈틀대는 근육과 망치의 화음
달아오른 삶의 맨 윗부분이
노을로 애끓는 하루
고통 속에 박혀 사물의
제자리를 찾아 주는 힘은
살을 찢어 뼛속에 새기는
영혼의 신음을 삼킨다
헐거워진 얇은 꿈에 쾅쾅
우직한 무게를 다시 놓으면
같은 길 기꺼이 내려가
묵묵히 굴착하는 질기둥이
천길 까마득한 외로움에도
들어선 길 쉬 내빼지 않고
빗나간 겨냥을 탓하지도 않는
팔딱이는 관자놀이
붉은 핏줄로 흐르는
시간은 밤을 뚫고 단단하다

바람 든 무

칼로 댕강댕강
쳐내 버리시던 어머니

바람 든 것은 맛이 없어야

나무

여울목에서
햇빛 꺾이는 소리가 났다
앞산 너머였다

가 보니
피였다
빛이 흘린 목숨이었다

나무 한 그루
창백하게
두 팔을 벌리고 있었다

저요? 손을 들고
그에게 나아갔다
피가 내게로 스며들었다

내 온몸에
햇빛이 싹트며 돋아났다
나도 나무였다

섬

구름의 발자국이 만든 섬
푸른 정수리마다 하늘 냄새가 난다
별이 되고파 솟구치는
섬들이 가장 섬다울 때는
젖은 얼굴로 반신욕을 하며
노을을 마실 때이다
노을 뒤의 어둠을 기다려
온 몸에 불을 밝힐 때이다
지친 물손바닥 차륵차륵
살갑게 품어 주는 저녁
불빛 머금은 섬들이
마침내 별이 되고 나면
구름은 그들을 하늘에 정돈한다
반짝이는 섬들은 은하수 접경
밤하늘을 바다 냄새로 가득 채운다

강아지풀

청색 산그늘에
불 켠 네 마음 알아
빛은 아직
가는 실핏줄로
숨 쉬고 있음을
흔들려 봐서 알아
기댈 곳 없을 땐
하늘이 더 가까이
내려온다는 걸
바람 센 날
눈송이 등불에
날개 적시며 강을 건너는
가족들은 잘 알아
너의 솜털이 떨며
겨울을 품고 있음을

청풍호

고요 속에는
아픔이 스며 있다
아픔은
호수를 좋아한다지
슬몃 돌아 나오는 잔물결이
가슴에 찰랑이는 사람은
첫눈과 함께
여기서 홀로 깊어진다지
산 그림자에 맑은 노래를
띄우는 그대
발 시린 새들을 기르며
젖은 고요를 품은
따스한 입김 한 자락
갈숲 떨리는
푸른 마을에
긴 숨소리 자욱하다

동백리 개화

먼 섬 동백리
울음 뒤에 피어나는 것들 많다

사람은 겨울이 춥다고 울지만
겨울은 꽃을 틔우려고 운단다

사람아, 꽃이 그리우면
겨울엔 울지 마라

파도 타고 건너가는 동백리에서
기다림보다 먼 마을에서

동백꽃들이 자꾸 글썽인다
겨울이 고마워 그런 것

추워 우는 사람과
울어 깨어나는 것들이
함께 꿈틀 대는

먼 꽃섬 동백리에서

작두샘

더위에 숨 막힐 때 마당엔 친구들 모였지
턱없이 벅찬 펌프의 손잡이로
온몸 실어 푸걱푸걱 힘을 주면
콸콸콸 가슴 밑까지 훑어 주던 폭포수
윗동네 아파트 복희가 푸아푸아 세수하다
그냥 입 대어 마시고 깔깔대면
녹슨 쇠 껍질 퉤 뱉어 내며
함께 씩 웃고 말던 우리들
뱉어 낼 것 가득해도
삼키고 사는 날 더 많던 시절
어렵사리 올린 물은
떫고 비린 쇳가루 맛이었지만
푸른 가을 강물처럼 목 깊이 시원했지
겨우내 눈발을 몰래 끌어와
저 혼자 얼어붙던 꿈을 달래며
뜨거운 마중물을 쏟아 붓고는
봄꽃 빛 생수 한 모금 얻고자 했던
우린 낮은 지붕 빼곡한 아랫동네 백성이었지
위아래 잘 모르던 물빛 나날이었지

대숲 울음

하늘을 싸리비질하며 휘적거리는
상주喪主의 흐느낌은 쉬 잦아들지 않았다
종종 혼자 집을 지키던 아이는
모진 곡성에 긁혀 오금이 헐곤 했으나
가문의 낡은 지붕에 대숲 그늘은
자리를 깔고 참 오래도 누워 있었다
시간이 층층 마디져 까마득해지고
컴컴한 추위가 마룻장을 쑤셔대는 날
햇빛을 들이려 대나무를 마구 쳐냈다
바람을 잡아 가두며 내질렀던
대숲의 피울음은 그쳤지만
묶여있다 풀려난 칼바람의 난동에
얇은 집은 금세 가슴팍을 부여잡고 콜록댔다
텅 빈 숲 터의 잔해를 정리하며
시리디시린 무릎을 꿇고서야 알았다
온몸으로 바람을 막아 준 대숲의 울음
겨울이 깊을수록 음산했던 산발 춤의 내력을
지붕의 그늘이 녹고 온 집이 햇빛 가득할 때
대숲이 살던 자리에 뭉클뭉클 돋아나는
죽순들의 눈물을 다시 보았다

비빔국수

세월이란 그런 것
눈 내려 지우고
또 내려 덮이듯
새로이 시작되는 길목에서
먼 본향을 그리며
한 사발의 국수를 음미하다
문득 눈물 머금어도 좋으리
삶이란 이런 것
무어 그리 허덕일 일이던가
앞 강물 내려다보며 조용히
달콤 매콤한 면발을 비비자
사랑하고 부대끼며 한 번 더 비비자
아, 차갑고도 뜨거운 그 무엇이
끝없는 흰 눈발이
빈속에 진득이 들어찬다
비빔국수여
이 추운 세상에서
이젠 네가 제대로 살맛이구나

첫눈

온몸에 찬바람 새어 다니는 소나무
목관의 저음을 차례로 짚어
산 밑으로 보낸다
음계 따라 한 자씩 더 낮아지는 마을
피 마른 수숫대 위
군청색 구름도 묵직하고
한참을 콜록이며 떨던
낙엽들 하늘로 솟구치더니
자욱이 축포가 터진다
처음은 아닌데 몹시 두근거린다
지상에 벗어 놓은 신발 찾으러
돌아오는 흰 철새들
그 속에 오래 머물다 이윽고
다가오는 까마득히 그리운 얼굴
이렇게 다시 만나는
서늘하고 뜨거운 사랑을
또렷한 발음으로 첫눈, 이라 말하고
식은 들판에 낮게낮게 달라붙기로

가을빛

산마을 품에 그윽이 안기는 부드러운 빛
흩날리는 은행잎과 찰랑이는 냇물
구수한 팽, 느티, 오동나무
황토밭, 돌담과 기슭에 스미는
고흐도 고갱도 모네도
모사할 수 없는 영혼의 본색

살갑네, 여기 왜소한 어깨 위
삭아 내리는 지붕과 널따란 종가집 마루
작은 폐교 운동장, 옛 책상 서랍에 숨을 쉬고

지팡이 짚으며 마실 도는
비슬비슬 노인의 굽은 등에도
종일 낟알 주우려 들판을 부지런히 드나드는
까치들 발톱에도 발갛게

산그늘 노을에 섞이는 골짜기
어린 친구의 맑은 노래를
오래 듣고 있네 바람 지나는 골목에서

이리 오렴 네 가난한 나라 해밝은 미소를
낮은 굴뚝 사이로 살며시 보여 주렴

산마을 품에 그윽이 깃드는 따뜻한 향기
모두들 손을 씻으며 젖은 눈으로 보네
반짝이는 온 산의 단풍잎
일제히 등불을 켜고 일어서는 것을

제4부

석류

노을이 외부를 둘러쌌다
어둑하고 시디 신 나라에는
거품을 문 돌들로 가득했다
한 입에 들어차 우걱우걱
서로 비좁아 부대끼며
킬킬킬 비웃음과 불평을 뱉어 놓다가
삐져나온 피 알갱이들에 화들짝 놀라
컴컴한 토담 밑으로 움츠러들었다
빛을 잃은, 쩍 갈라진 별무리
그 초췌한 껍질에 들러붙어
결빙을 기다리던 혹한의 아귀에
허연 폭설의 침이 고였다

강진 康津

언 살 뜯어내느라
읍내는 쓰리다

봄, 더 아프다

찬란할수록
꽃샘
이렇게 다시 추워

영랑생가 앞뜰엔
힘겨운 햇살

지역신문지
몇 장 잡풀로 시들고

모란은 아직 멀어

봄, 참 아프다

여름

구멍 숭숭 흙담 틈으로 후두둑 여름이네

설렁설렁 씻은 깻잎, 상추에
우적우적우적우적 밥 먹고 있네
이런 것을 웰빙이라던가

밖은 비 안은 빛

초저녁 등불이
비에 젖는 풍경을 본 적 있나
별들이 구름 뒤에서 몰래 글썽이는 모습도
꼭 저럴 테지

한참 무심하게 살았었네
토란잎을 난타하는 짠한 뉴스들을
느려터진 황구 녀석이 게슴츠레 듣고 있네

번지르르 꽤 오래된 얼굴엔
땀인지 기름인지

이토록 훅훅 여름이네

땅울림

조용한 개미집을 건드리지 마라
땀 흘리는 그들의 터전을
가벼이 발로 뭉개거나
히죽거리며 물을 부어 대는
인위적 장난을 삼가라
땅에 붙어산다고
땅을 기어 다닌다고
조롱하며 우습게 여기면 되는가
개미들이 소리 내어 울 때
땅 땅 땅 땅
거대한 땅울림이 시작됨을 아는가
지축이 흔들리고 쪼개지고
집도 마을도 산도 넘어져
솟구치는 불기둥에 눈물마저 타
세상 모든 가슴이 뭉개지리라

밀양 박씨 밀양에 가다

흐르면서 은밀히 깊어지는 경부선
하늘 아궁이에 불을 지피려
열차는 치익 성냥처럼 땅을 긋는다
오래 바라보아도 눈부시지 않아 좋은
투박하고 다정한 저물녘의 햇덩이가
강물에 제 얼굴을 비춰 준다
영남루, 물끄러미 밀양이 나를 들여다보며
많이 본 듯하다고 진작 한 번 오지 그랬냐고
살 떨리게 쑥스러운 서로의 첫 순간
어릴 적 헤어진 모자가 상봉하듯
가슴 울렁이며 역을 나온다
익숙한 것에만 눈길 주고 살 순 없지 않나
새로울 것 없는 흔한 새로움보다는
낯선 두려움을 택하는 법을 때론 배워야 하리
시내버스들이 불티를 깜박이며 도열한다
집집의 창문에 꽃불이 활활 타오르는 것은
밀양 박씨 밀양에 왔다고
깊숙한 그리움을 대문 앞에 죄다 풀어놓으며
잘 왔다고 잘 왔다고
흐르면서 그렇게 깊어지라고

창녕

먼 길 해질녘 우포늪을 따스이 지나 왔네
수수 모가지 서그럭서그럭 차창에 들이밀고
문득문득 브레이크 밟는 발바닥에도 무릎에도
살가운 먼지가 햇빛 털며 폴폴 날아들데

어쩌겠나, 사랑은
껴안고 선 나무들 사이의 노을인지라
아는 사람 없는 타지에서도
얼굴 금세 발그레해지는 걸
굳이 화왕산 마루에 굽혀 오르지 않아도
석빙고의 입김 스민 흰 억새를 등에 업어
더 깊고 따뜻해지는
창녕의 마음을 왜 모르겠는가

길은 오르막, 저속으로 돌아갈수록
질기게 살아나고
하늘이 풀밭으로 낮아지는 저녁을
그윽이 바라볼 줄 아는 눈망울
정녕 창녕이네
낙동강 어둑한 울음 받아 삼키는
이 산록의 붉은 가슴을
얇은 수첩에 천천히 새겨 넣었네

멀리 낯선 곳을 돌다 지치는 날엔
강아지풀조차도 늪바람에 창창히 일어서는
높은 듯 낮은 산마을
하늘 냄새 사람의 불빛 출렁이며
차오르는 차오르는 창녕 같은 데서 멈춰
오래 희끗거려도 참 좋지 않겠나

농어촌버스

눈 내리면 길 나서지 마시라 했잖아요
언감생심, 낙상도 제 때가 있지요
병원에서 돌아오는 어머니 귓전에
전화기 속 아들이 맘 없는 질책을
질척질척 뱉어대는데
어머니는 미안하다 괜찮다 아들을 다독이며
정류장을 떠나는 버스에 절을 한다
아찔한 심심산골 비틀대며 더 헤집고 다닐 터
기사 양반 독한 유행가 한 잔으로
얇은 버스 공복을 달래는
오후가 차고 쓸쓸하다
농투성이 남녀노소 미어터지던
옛길의 배부른 추억은
멀어지는 늙은 버스의 가슴 속에서만
크럭크럭 가래로 끓는다
빈 집 빈 논밭 빈 가슴 빈 버스
비어가는 것들은 먼지로 깊이 앓는다
궂은 날도 어렵사리 운행해 주는
고마운 정성 덕에 몇 안 되는 부모들 눈에는
귀향하는 자식들 환영幻影이 희고 수북하다
쑤시고 넘어지거나
고장 나면 정비소에 실려 가고
정부보조금으로 연명하는

농어촌버스 앞길에
눈보라가 꽉꽉 들어찬다
그러게 눈이 펑펑 내리면
길 나서지 말라 했잖은가

벌교 바람

부용산 같은 데서 쑥국쑥국 동편제 서편제로 토해 내는 여자의 붉은 울음이 그 봉두난발이 바람이다

철다리 피노을로 쩌그럭쩌그럭 목욕하는, 뙤약볕에 그을린 꼬막 껍데기의 접힌 물이랑이 바람이다

진트재 자드락에 서걱서걱 하얗게 시린 입김만 흩뿌려 놓고 달아나는 써늘한 구름의 주검 같은 그늘이 바람이다

컴컴한 터널의 분진을 몰고 와 땅덩어리 좌우로 가르며 황토 언덕배기에 캑캑캑캑 눈발 섞인 기침 뱉어 짓달려오는 징하디징한 저것이 바람이다

예나 시방이나 마른 풀 삭신 오매오매 쑤셔대는 벌교, 바람이다

맹골수도

대낮인데 이토록 어둡고 추운 건
너희 등불이 너무 일찍 꺼졌기 때문이다

이 꽉 막힌 지점, 숨찬 너희가
마지막 발돋움으로 하늘 향해 솟구쳤던 바다
오류와 모순이 뒤엉켜 맹골수도의 핏물이 된다

기다림밖엔 무얼 할 수 있었으랴
우린 너희에게 끝내 가지 않았다

이 나라 흔들리는 불빛들
모두 여기 와서 울음을 섞고
동해 남해 물고기들 왔다가
속수무책으로 흩어진다

이렇게 물 깊이 미안하다

미안하다

기다림이 그 흔한 희망의 깃털 하나
받아들지 못했으니
더 무슨 말을 보태랴

우리 안의 뻔뻔한 따개비들
징그럽고 비겁한 비늘들을
한 겹 한 겹 쥐어뜯으며

한밤인데 마음이 고요치 않다
너희가 온 몸으로 맞닥뜨린
파도가 집집이 찾아 와서
비루한 세월, 우리를 향한 목울음을
멈추지 않기 때문이다

* 맹골수도 孟骨水道 : 2014년 4월 16일 세월호 침몰지

옛날 옛날

배고픈 우체통 구시렁대며 옛날 옛날에는
텅 빈 시골버스 투덜투덜 옛날 옛날에는
소장수 할아버지 오일장 가서 옛날 옛날에는
지영이네슈퍼 아줌마도 옛날 옛날에는
삼거리이발관 영태 아저씨도 옛날 옛날에는
빈집 웅얼웅얼 옛날 옛날에는
잡초더미 폐교 운동장도 옛날 옛날에는
뒷집 복슬이도 밥그릇 차며 옛날 옛날에는
우리 동네 누구나 옛날 옛날에는
개나 소나 똥이나 옛날 옛날에는
그러고 보니 우리 할머니도 만날 옛날 옛날
호랭이 담배 빨든 시절 고릿적 이야그
할머니 인터넷 검색하면 다 있어요
옛날이야기라고 치면 다 나와요
그래도 들어보그라 옛날 옛날 옛적에
우리 늙어서 자손들에게 하는 말이
옛날 옛날에도 옛날 옛날 그랬단다
훗날 훗날에도 옛날 옛날 그러겠지

벌교역 1

뱀골재를 넘어서면 눈부신 벌교였다
먼지를 뒤집어 쓴 후들후들 동방여객 버스가
뱀 꼬리를 잡고 구불구불 끌려 내려가는데
가까스로 참던 멀미의 끝자락이
들락날락 울렁울렁
발가락 뒤틀리고 똥줄 보타지게 마음이 울었다
조금만 참어라 다 왔다, 아부지 못 참겄는디
그래도 참어라 다 왔다 여그선 안 된다 잉
너 힘들다고 딴 사람에 더런 꼴 보이먼 쓰겄냐
어린 나를 다독이며 시간을 버팅기던 아버지
이러구러 재를 넘고 읍내의 초입에 당도하여
아, 이제 됐구나 안도하는 순간
건널목 차단기가 스윽 내려오더니
처얼커더엉 구쿵 처얼커더엉
뱀보다 길고 시커먼 화차 열두 량이
느려터지게 지나갔다
아유 아부지 더 못참겄는디이
아버지는 별 수 없이 기사 분께 통사정하는디
여그서 기양 내려주시오
아들내미 멀미 땜시 안 되겄소
그라씨오, 그거이 낫겄소, 진작 말하제
고흥 녹동에서 생성된 내 토사물은
벌교 땅에 왈칵 철퍼덕 넙죽 인사를 하고

어머니 정성어린 계란찜 콩나물 대가리
아까운 듯 들여다볼 때 아버진 등을 토닥이며
괜찮다 괜찮아 인자 시원하제?
그토록 속엣 거 다 받아준 무던한 벌교였다
아까 그놈은 화물열찬디 순천으로 간다잉
우리는 광주 가는 멋진 놈을 탈 것잉께
화차가 사라진 철로를 가리키며
아버지는 내 손을 꼬옥 잡았다
싸목싸목 가도 된다
기차 시간 아즉 당 멀었다잉
시큼한 냄새를 뿌리며 역으로 걷는 동안
햇발 꽉 찬 벌교는 아버지를 많이 닮았었다

벌교역 2

푸드덕, 새 떼가 위로 솟구치자
철다리 갈대밭에 봄이 진입했다
그을린 근육질로 트랙을 도는 주자처럼
치익치익 들숨 날숨 헐떡이며 그는
아득한 진트재 터널을 막 빠져나온 것이다
빛나는 것은 어둠 속에서 나왔다
벌겋게 닳은 발바닥 쇳가루가 반짝이고
연통 콧구멍에서 뻥튀기 연기 같은 꽃구름이
풍풍풍풍 상흔의 몸통을 하늘에 연결할 때
육중한 무게로 속 깊은 땅심
철로를 꾸욱 눌러주고는
내처 묵힌 트림을 뱉어 낸 그가 내 앞에
멈추어 섰다, 야하, 그동안 많이 컸네
수십 년 시간의 바퀴를 적신 땀을 닦으며
그는 씨익 동그랗게 웃었다
나도 튼튼하고 용맹한
새 나라의 일꾼이 되겠다고
그에게 적은 입김을 보태며 맹세했다
고무신 운동화 구두가 함께 줄을 서고
머릿수건 밀짚모 중절모도 모여들었다
겨울을 뚫고 나온 사람들은
설레며 승강대에 올랐다
아버지는 나를 힘껏 밀어 올렸고

기차는 한 번 더 포효하고
나는 거대한 그의 품속에 안기며
그 봄 단단히 빛나는 꿈을 만져 보았다
덜커덩, 일곱살이었다

월하리

가래떡 길게 늘어놓은 오르막길
쫀득거리는 달 아래 첫 동네
가는 귀 먹은 팽나무 이백오십 년째
산바람 빨아 마시며 붙박여 산다
팔랑이는 얇은 세월 한 장 찢어 내면
어제인 듯 오늘이 종일 탈탈탈 오르내리고
딸 아들 소식들 먼 구름으로 흩어진 저물 녘
허리에 태엽을 감은 희끗한 달팽이들이
작년보다 느린 속도로 마을회관에 달라붙는다
무릎도 어깨도 눈도 귀도 심상치 않은데
입술을 달구며 아직 내일을 말하는 것은
상의할 것 있다는 이장 때문만은 아니다
꽃샘추위로 월출산 정강이가 다시 시릴 때
잠시 비틀린 골목길 뒷짐 지고 함께 오르는
달빛의 꿈을 만났기 때문이다
흐린 지붕마다 한 시절을 부리고 돌아가는
기러기 떼의 빛나는 그림자를 봤기 때문이다
이런 날은 빈집 매화꽃이 먼저 망울지고
텃밭의 냉이도 쓴웃음을 버린다
얼음 밑에서 숨을 키운 것들이 이뿐일까
헉헉 질러가려는 조바심만 아니라면
봄을 맞는 윗길과 아랫길은 차이가 없다
달 냄새 박힌 가래떡 끈끈히 떼어 나누며
월하리 회관의 불빛은 오래 꺼지지 않는다

월송리

밭고랑을 뒤집자 봄빛이 솟아난다
이렇게 뽀얀 고무라기 흙은
개나리꽃을 틔우며 기슭에 푸석이다
산 속에서 태어난 물을 처음 만나는 것이다
물의 중심에서 숨은 햇빛이 새어 나올 때
둘은 축축한 가슴으로 눅진하게 들러붙어
씨 뿌리는 맨발의 일생을 걸쭉히 반죽한다
솜털 보송한 산의 목덜미를 쓰다듬다가
문득 하산한 바람이
새파란 저수지 위에 퍼덕이며
벚꽃 잎을 흩뿌려 놓고는
색색의 그래픽을 연습한다
통통 발로 숲을 건드리며
우듬지를 건너다니는
저 귀여운 것들은 종일 휘파람을 불며
산마을이 온통 제 낙원인 줄 알지만
하늘의 아랫목에 자꾸 파고들어
구멍 난 등을 지지는 나무들에게는
달 뜨는 본 집이 오히려 가깝다
하루 세 번 드나드는
엉덩이 살 마른 버스 한 대
배고픔을 참다 고갯길에
잠시 머물러 헛방귀 한 방 날린 후

해묵은 꿈사탕 한 알 까먹고
혼자 히죽이며 돌아가는 저녁
가려움증 걸린 토담을 박박 긁어 주며
어둠의 속도를 조율하는 소나무 위로
검은 보자기가 척 걸린다
긴 이야기 불빛이 차츰 사그라져
마을은 예전보다 더 창백한 얼굴이지만
밤이 깊으면 칠흑 하늘에 밝은 것도 많아
까치집 잔가지 하나 떨어져도 다 보일만큼
가장 눈에 띄는 자리에 너볏이 찾아와서
새로이 박히는 달, 뜨거운 달빛

해설

해설

갈망의 기원(基源)과
해원(解冤)의 풍경

― 박부민의 시세계

김 윤 환 (시인,문학평론가)
백석대 대학원 기독교문학 교수

1.

구원의 이면에는 꿈으로 치환되는 갈망(渴望)이 있다. 시에서 갈망의 기원은 불가피한 그리움이다. 시인은 시의 역할을 교훈에 두지 않는다. 박부민 새 시집은 기억의 순례길에서 만나는 그리움에 대한 의식과 무의식의 언어를 자신의 호흡에 담아 토해 내는 시간의 문양으로 그리고 있다.

서정시가 추구해야 할 몫 가운데 가장 중요한 것은 점점 사라져 가는 가치와 인간의 보편적 정서에 대한 회복에 있다. 현대 사회는 인간에 대한 개체화와 물욕화로 위기에 직면해 있다. 이렇듯 폐허의 시대에도 잊힌 기억을 재현하고 거기에 새로운 풍경을 제시하는 것이 전통적 서정시의 역할이라고 할 수 있다. 그러한 점에서 박부민 시에 나타난 서정성은 기억의 현상화와 함께 의미를 상고하는 시의 양식을 잘 보여주고 있다.

개신교 목사이기도 한 박부민 시인의 신작 시집『꿈이 응고되면 쩌렁한 별 하나』(생명과문학, 2022)는 존재론적 기원에 대한 자신의 기억과 신성에 대한 깊은 열망이 교차하는 사유의 노래로 다가왔다. 그러나 시인은 단순한 기억에만 머물지 않고 삶 가운데 존재하는 보편적 가치에 대한 내밀한 메시지를 담고 있다. 개별적이고 구체적인 경험을 바탕으로 하면서도 상투성에 매몰되지 않고, 탄탄한 시적 구성과 은유의 흥미를 더해 주고 있어 시인의 민감한 시작(詩作) 경위를 엿볼 수 있었다. 시간의 풍경과 근원적 신성 지향을 담고 있는 박부민 시세계에 함께 들어가 보자.

    소금기 흠뻑 머금은 포구
    살아 뿔뿔 기어 다니는 상처들
    거품 뱉으며 비틀비틀
    물결 틈으로 옆 걸음질 치면
    선창 끝엔 조각달이 쉬고 있다

    달빛도 여기선 잠 못 든다
    어둠을 너무 마셔 속이 상한 듯
    눈 헹구고 들여다보면
    비린 파래를 덮고 기억을 뒤척이다
    흰 눈물 뿌리며 돌아가는 꿈이 있다

    그렇게 아득히 젖은 부부는
    서로의 시린 몸을 정성껏 씻어 주고는
    뻘에 박힌 닻을 숨 고르며 끌어 올린다
    스르륵 물길이 열릴 때마다
    이토록 울먹이며 스며드는 먼동이 아니던가

    일생을 질척이는 노을로 불 댕겨
    다시 키워 내는 한 떨기 어화
    멍든 뱃머리 흔들리며 흔들리며

낯익은 세상에 끝없이 그물 던지는 시간이다

회관 옥상의 태극기 파닥이고
갈증 난 확성기 목젖도 붉어진다
불빛 쓰라리게 세수하는
아주 오래된 새벽

_ 시 「어화 漁火」 전부

'어화(漁火)'는 고기잡이배의 횃불이나 등불을 뜻한다. 가난한 어촌의 새벽 풍경을 담은 이 시에는 '생애라는 바다에 떠도는 인생'이라는 배와 '어부의 가난하고도 아름다운 시간'을 그리고 있다. 이러한 시적 배경에 시인이 작위적 메시지를 만들기보다, 춥고 쓸쓸하지만 그물을 내리는 고기잡이 부부의 담담한 일상을 통해 삶이란 화려하지도 초라하지도 않는 작은 횃불 같은 것임을 보여주고 있다. 인생은 '질척이는 노을로 불 댕겨 / 다시 키워 내는 한 떨기 어화'이며, '멍든 뱃머리 흔들리며 흔들리며 / 낯익은 세상에 끝없이 그물 던지는 시간' 임을 새벽 부두의 풍경으로 보여주고 있는 것이다. 시작(詩作)에 있어 시인의 눈은 가시적 풍경 너머 불가촉의 이미지를 스크린해 보여 줄 수 있는 심미안(審美眼)을 지녀야 한다는 것을 이 시에서 깨닫게 된다.

2.

시의 원천은 엄숙한 도그마나 견고한 이념에 있지 않다. 가장 개별적이고 내밀한 심천(心泉)에서 시의 출발이 시작된다. 대체로 시인들은 가족과 모성에 대한 그리움이 시의 원천이 되는 것을 부정하지 않는다. 그러한 관점에서 박부민 시에 나타난 가족 서사는 보편적 가치를 거스르지 않으면서 새로운 형상미를 보여주는 작품들이다. 가족 서사는 개별적 체험을 바탕으로 하지만 그 지향점은 가장 원초적 사랑의 회복을 갈망하는 모두의 노래가 되는 것이다. 먼저 시 「바지락」을 감상해보자.

> 할머니가 입을 단단히 다물고 누웠다
> 꿈틀 댈수록 더 뿌리내리던 생계의 늪에서
> 노을에 꺾인 할머니의 허리
> 엄마는 그 노을을 마시며 바지락을 캐 왔다
> 바지락은 놀라 입을 다물었지만
> 써그럭써그럭 서러움을 채 감추지는 못했다
> 펄펄 끓는 국솥 뚜껑을 열었을 때
> 애써 입을 벌려 제 속을 보여준 바지락
> 바다 울음이 쏴르르 밀물지고
> 아득한 날들이 잘피처럼 얽히는데
> 온몸 뜨거워진 그는 왈칵 눈물을 쏟아 냈다
> 엄마가 그 눈물을 떠 할머니의 입술에 대자
> 쩍하며 잠깐 열린 할머니의 나라
> 거기 깜깜한 섬들이 녹고 있었다
> 돛단배가 꽃구름으로 승천하고 있었다
> 할머니의 눈에선 뽀얀 진국이 흘러나왔다
> 뻘밭의 갯물 같았다
> 갯물은 할머니의 얼굴과 마른 몸을 적시고
> 엄마의 눈자위로 빠르게 흘러갔다
> 낡은 소쿠리를 집안에 둔 채
> 다시 입을 굳게 다문 할머니는
> 뻘배를 타고 아스라이 떠났다
> 무적 소리가 길게 저물고
> 마당까지 밀고 들어온

> 수평선에 불이 붙은 날이었다
> 껍데기만 남은 바지락들이
> 겨우내 돌담 밑에 모여 있었다
> 바시락바시락 흰 쌀밥 눈송이를 받고 있었다.

— 시 「바지락」 전부

 이 시가 발산하고 있는 시적 형상미는 바지락이 지닌 어패류의 속성이 할머니와 엄마와 화자를 자연스럽게 연결하는 데서 발견할 수 있다. '할머니가 입을 단단히 다물고 누웠다'라는 첫 행부터 '엄마는 그 노을을 마시며 바지락을 캐 왔다 / 바지락은 놀라 입을 다물었지만 / 써그럭써그럭 서러움을 채 감추지는 못했다'는 설움의 운율과 '갯물은 할머니의 얼굴과 마른 몸을 적시고 / 엄마의 눈자위로 빠르게 흘러갔다'는 은유는 '껍데기만 남은 바지락들이 / 겨우내 돌담 밑에 모여 있었다 / 바시락바시락 흰 쌀밥 눈송이를 받고 있었다'로 갈무리 되는 일관된 이미지에서 가족 서사를 상상케 하며 그리움과 서러움이 바지락에 고스란 담겨 밀물처럼 쓸려오는 것을 느끼게 해 준다. 시의 기능이란 슬픔을 슬프게만 노래하지 않으며 낯설음을 그저 낯설게만 하는 데 있지 않다. 시를 읽는 독자에게 시가 바라보는 감정의 시선을 함께 응시하게 한다. 그 응시는 바로 자신의 기억을 소환하고 그리움을 생성하는 문학의 유희성을 제공하는 데 있다. 박부민의 시에서 이러한 시인의 책무를 잘 수행하는 것을 발견할 수 있다.

3.

 문학에서 어머니의 상징은 고대 우주발생론에서 바다 혹은 비옥한 지상을 상징한다. 융의 경우 위대한 어머니는 어머니다운 여성, 미녀, 여신으로 변장되거나 육화되지만 때로는 교회나 일정한 공간의 형태를 취하는 자연의 섭리를 재현하기도 한다.

박부민 시 속에 나타나는 어머니(혹은 아내)의 이미지는 상투적 그리움을 만드는 것에 그치지 않고 그리움의 원류임과 동시에 모성에 대한 새로운 발견과 되새김의 풍경을 그림으로써 메마르고 지친 마음의 독자들에게 긴 들숨날숨을 통해 새로운 호흡을 들이켜고 내뱉도록 인도해 주고 있다. "어느 날 가냘프게 접은 종이배를 띄워 / 아무도 못 닿은 어머니 쓸쓸한 심장 근처에 / 숨죽이며 다가 가보려 했지만 / 이미자의 황혼의 블루스를 몰래 부르던 / 가늘게 떠는 입술만 엿보다 돌아왔다" (시 「황혼의 블루스」 중) 는 익숙한 듯 새로운 시적 풍경을 그려 내고 있는 것이다.

또한 시 '샘터'에서는 어머니와 뗄 수 없는 아버지와의 기억, 그 가운데 엄존했던 시대적 문화와 눈물의 잔상(殘像)을 샘터를 통해 밀어내고 있음을 알 수 있다

> 달구리 어스름 속에서
> 물동이를 받든 흰 겨드랑이를 처음 보았다
> 지푸라기 똬리가 어머니의 머리칼과 엉켜
> 눈물을 뚝뚝 떨어뜨렸다
> 일순 안개 물러간 샘터에
> 산수유 연황빛이 자욱하고
> 가장 정갈한 물 한 사발 말없이 들이켜는
> 흙 묻은 손, 아버지의 아침이 보였다
> 그 검은 옆구리에 기대고 선 삽은
> 녹슨 목울대를 드러내며 번쩍
> 웃었다 서늘한 어머니의 얼굴이
> 아버지의 햇빛으로 거푸 젖어드는 봄

우리 집 마당에 영영
샘터 한 곳 들이고 싶었던

_시 「샘터」 전부

시인의 시가 자신의 체험에서 비켜서는 것은 마치 강물에 징검다리를 비켜 건너는 것과 같다. 다만 그 풍경을 익숙하지 않게 그림으로써 시인의 심장에 담긴 언어를 더욱 분명하게 펼쳐보이게 된다. 그 서사는 보편적이되 시적 표현은 그 낡음을 전복하고 신선한 은유와 형상미를 보여주고 있다. 시가 예술로서 가치를 얻는 것은 의미 전달보다 시어와 시적 풍경의 새로움을 펼치는 데 있다. 박부민 시의 신선한 표현은 상투적 가족 서사에 이미지 반전을 일으켜 독자의 감성을 새롭게 적셔 주는 역할을 충실히 해 주고 있다.

4.

시인의 시를 읽다보면 어쩌면 세상은 유리 공장 같은 것일 수도 있다는 생각을 하게 된다. 좀 비겨서 보면 빤히 보이는 것들의 반복과 깨지기 쉬운 유리병 같은 세상을 이렇게 노래하고 있다.

가마 속 불덩이 하나 받아와
긴 철 막대 끝에 한 방울 꿈을 빚었다
말랑한 눈물이 벌겋게 달궈진 엿처럼
제 틀을 찾아 녹아 들어가고
머리 터지도록 불풍선을 불며 아버지는
시뻘건 붕어가 되었다 목 힘줄 땅길수록
부풀어 투명해지는 황홀
어디선가 멍들고 깨어지고 부서진 것들이

화려한 이력도 없이 그저 담백하게 흘러들어
뜨겁게 살을 나누고 섞이며
한 틀에서 각기 다른 빛깔의 꽃으로 피어날 때
새 목숨으로 미끈둥, 솟구치는 절정의 기염
꿈이 응고되면 쩌렁한 별 하나
그토록 태어나는 것이었다
불끈거리는 아버지의 가슴에
땀으로 달라붙어 반짝이는 가족의 얼굴들
풀무불 속에서는 오로라의 혼이
충혈된 하늘처럼 들끓고 있었다

— 시「유리 공장」전부

세상의 삶은 언제나 '불덩이 하나 받아와' 제 안에 풀무불을 만들고 '한 방울 꿈'을 빚는 것인지도 모른다. 이러저런 사연들로 눈물이 엿처럼 녹아들고 '멍들고 깨어지고 부서진 것들이' 그저 담백하게 흘러 눈물 알갱이처럼 흐린 듯 투명한 유리 한 장, 유리병 하나 만들며 사는 것이라는 시인의 표현은 불완전하면서 아름다운 것이 인생이라는 생각을 하게 된다. 시인은 이 시에서 모처럼 자신의 심정을 내비치고 있다. "불끈거리는 아버지의 가슴에 / 땀으로 달라붙어 반짝이는 가족의 얼굴들 / 풀무불 속에서는 오로라의 혼이 / 충혈된 하늘처럼 들끓고" 있음을 노래함으로 독자들이 시와 동일시되게 하는 역할을 해내고 있는 것이다. 그러나 이 시의 중심이자 결론은 세상이라는 유리 공장에서 인생은 "각기 다른 빛깔의 꽃으로 피어날 때 / 새 목숨으로 미끈둥, 솟구치는 절정의 기염 / 꿈이 응고되면 쩌렁한 별 하나 / 그토록 태어나는 것"임을 찬찬히 들려주고 있는 것이다.

박부민 시인의 새 시집에서 발견되는 갈망과 해원(解冤)의 대표적 노래라고 할 수 있는 '산책'이라는 시는 시적 대상을 독자에게도 동일시하도록 감성을 전이(轉移)시키고 있다. 시속의 화자가 말하는 아내가 그저 시인의 아내일 거라는 뻔한 상상이 아니라 세상의 모든 남편들이 바로 자신의 아내로 상상하고 읽게 함으로써 회한과 동정(同情)을 더 깊게 해 주고 있다.

> 단풍 숲에서
> 아내와 아들의 뒤를 따라가는데
> 구멍 뚫린 낙엽 한 장 말을 건넨다
> 상처 난 몸을 햇살 쪽으로 뒤척이고는
> 어렵사리 바스락,
> 하며 꽤 아프다고 한다
> 그래, 너도 한때의 초록을 그리며
> 나무의 긴 월동을 위해
> 이 낮은 지점에 도착했구나
> 너를 주워 책갈피에 넣으면
> 그 흔한 낭만은 되겠지만
> 잠시 바라보다 떠남이
> 내 겨울을 지피는 불빛일 듯해
> 그냥 두고 일어선단다
> 숨죽여 고운 아픔들을 밟으며
> 가을이 저물도록
> 가족 산책을 지탱한다
> 그늘 속에서 눈부신
> 무언가를 본 듯도 하다
>
> _ 시 「산책」 전부

마치 골다공증처럼 구멍 뚫린 낙엽에서 아내의 지난 시간을 들여다보는 장면이다. 인연의 첫 출발은 언제나 초록이 시작되는 낮은 땅, 한 세월을 돌아 땅으로 돌아오는 회한의 풍경과 '숨죽여' 서 오히려 '고운 아픔'을 밟고 가는 산책을 통해 '상처 난 몸을 햇살 쪽으로 뒤척이는' 낙엽의 작은 비명에서 아내의 그늘진 세월과 빛나는 그 무엇을 보게 한다. 아픔을 모르고서야 어찌 사랑을 안다고 하겠는가. 시인의 귀에 들린 '바스락'하는 작은 울음은 결국 시인의 따뜻한 울음이자 우리의 따뜻한 노래가 되고 있는 것이다.

5.

이번 시집에 표현된 가족 서사 중에 필자와 개인적 인연을 갖고 있는 고(故) 박종권 시인을 그리는 시편에 눈길이 간다. 박부민 시인의 백형(伯兄)이었던 박종권 시인은 필자와 함께 1990년대 〈시와인간〉이라는 편집동인으로써 내겐 한참 선배이기도 했다. 판소리를 하던 박시인은 90년대 중반 예기치 않게 타계했다. 종권 형은 동인 모임 뒤풀이에서 가끔씩은 시 한 수, 판소리 한 자락, 수려한 필체로 붓글씨 솜씨를 보여주기도 했던 전형적인 남도의 예인(藝人)이었다. 그의 동생 박부민 시인이 노래하는 박종권 시인을 만나보자.

형은 폭포나 장강처럼 후려치는 붓질을 잘했다
일필휘지 가래떡 빠지듯 치렁치렁 미끄러운
우리 가락의 차진 숨결을 타고
시로 소리로 그림으로 살았다
비틀어 조작하고 눙치는 기술은 약해
노래가 밥이 되는 시절을 못 누렸지만
바람은 그 공복을 따뜻이 채워주곤 했다
어느 날 느닷없이 집을 나선 형은
아직 노을빛이 남은 비탈길을
북을 메고 잰걸음으로 올라갔다
꼿꼿한 소나무를 지나 아스라한 꼭대기에서

> 힐끗 미소 지으며 아래로 한 번 길게 울고
> 두둥둥둥둥 둥기둥 둥 딱!
> 가파른 일생의 걸음을 달 쪽으로 내디뎠다
> 웅성이던 눈이 와사삭 지상으로 내려왔다
> 구부러진 것과 곧은 게 잘 구별 안 될 때
> 그것이 추운 세상의 끄트머리다
> 내 가는 곳에 허투루 편지하지 마라
> 그렇게 형의 마지막 붓질은 피로 쓴 시였다
> 눈보라 같은 얼음 같은 온몸이었다
>
> ─ 시 「박종권 세한도」 전부

지금도 어스름 저녁이면 북소리와 함께 고향집 빗장문을 열고 들어올 것 같은 예인 박종권의 모습이 마치 영상처럼 펼쳐지는 시다. '가파른 일생의 걸음을 달 쪽으로 내디뎠다 / 웅성이던 눈이 와사삭 지상으로 내려왔다'는 시인의 영혼이 지금 아우 시인에게 내려와 '구부러진 것과 곧은 게 잘 구별 안 될 때 / 그것이 추운 세상의 끄트머리다 / 내 가는 곳에 허투루 편지하지 마라'는 경구(警句)이자 사랑의 메시지와 그를 그리워하며 노래하는 "형의 마지막 붓질은 피로 쓴 시였다 / 눈보라 같은 얼음 같은 온몸"이라는 동생 시인의 고백은 고인을 기억하는 독자에게 동일한 그리움을 전해 주었다.

시인이 사는 지역 공간이 시적 모티프로 나타나는 작품들에는 시인의 노래가 향토와 분리되지 않는 그야말로 '신토불이(身土不二)'의 시정신이 그대로 녹아 있다.

> 언 살 뜯어내느라
> 읍내는 쓰리다

봄, 더 아프다

찬란할수록
꽃샘
이렇게 다시 추워

영랑생가 앞뜰엔
힘겨운 햇살

지역신문지
몇 장 잡풀로 시들고

모란은 아직 멀어

봄, 참 아프다

― 시 「강진 康津」전부

　시에 나타나는 지명이자 시적 주제인 '강진(康津)'은 시인의 그림자이자 핏줄과 같다. 우리 농촌의 지난한 현실을 아직도 다 피지 못한 모란의 겨울에 빗대 읽을 수 있다. 소년기 삶의 멀미를 떠올리는 '벌교역'은 '뱀골재를 넘어서면 눈부신' 공간이었지만 '먼지를 뒤집어 쓴 후들후들 동방여객 버스'는 '가까스로 참던 멀미의 끝자락이 들락날락 울렁울렁'하는 고통과 인내의 여로였다. 아버지의 안타까운 표정과 사랑의 음성은 이미 아버지보다 더 많은 연륜에 도착한 시인이 반백년 전 소년이 되어 부정(父情)을 되새김하는 한 편의 영상으로 나타난다.

　시인은 등단 26년을 맞이하는 중견이자 시골 교회를 섬기는 목회

자이기도 하다. 종교의 본성은 가시적 성과를 자랑하는 데 있지 않다. 이번 시집은 소박한 시골 예배당에서 착한 신자들과 함께 하나님의 끝없는 사랑을 노래하며, 그 사랑을 사람과 나누는 것에 인색하지 않으며, 종교적 깨달음과 시 쓰기를 분리하지 않는 신실한 신앙인으로서 그의 신심(信心)과 깊은 심성을 발견하게 해 주었다. 특히 문학의 개별성을 추구하되 그 가치와 의미를 자신의 종교적 필연성과 이질화하지 않는 연계성과 독창성을 지녀 종교철학과 문학의 상호성을 잘 보여준 시집으로 평가할 수 있다. 이에 이번 시집이 정통 서정시의 근간을 지키되 인간의 궁극적 구원의식에 대한 시학적 응답을 보여주는 시집으로서 많은 이에게 그 감동이 전해지길 기대해 마지않는다.

끝으로 필자의 가슴에 메아리로 남은 마치 시인의 자화상 같은 시편 「햇빛 골짜기」를 함께 나누면서 부족한 해설을 갈음하고자 한다.

밤을 견딘 것들은
대체로 온몸이 젖어 있다
숲 깊이 맑은 눈물 풀어
서로를 씻어 주기 때문이다
눈구름 앓던 능선이 등을 펴
남은 어둠을 마저 벗어 내자
징소리로 회오리치는 긴 산울림
새들은 솟구쳐 날고
흉터마다 안개를 덧바른
산의 근육이 푸르르 꿈틀댄다
벼랑에서 너덜겅
얼음 녹은 자드락까지
벌써 노루 몇 마리 뛰어다니는 듯
이름 없는 돌들과 나무들 들썩이니

쑥향 자욱한 밭두렁 아래
늙은 고샅길 핏줄은 더 팽팽해진다
돌아왔구나, 꽃송이들
따순 바람결에 새 숨을 토하며
절절히 반짝이는 햇빛 골짜기

_ 시 「햇빛 골짜기」 전부

〈끝〉